BEI GRIN MACHT SICH IHR WISSEN BEZAHLT

AF141093

- Wir veröffentlichen Ihre Hausarbeit,
  Bachelor- und Masterarbeit

- Ihr eigenes eBook und Buch -
  weltweit in allen wichtigen Shops

- Verdienen Sie an jedem Verkauf

Jetzt bei www.GRIN.com hochladen und kostenlos publizieren

Der Einfluss von Big Data in der Telemedizin. Digitalisierung im Gesundheitswesen

Octavian Zaiat

Bibliografische Information der Deutschen Nationalbibliothek:

Die Deutsche Nationalbibliothek verzeichnet diese Publikation in der Deutschen Nationalbibliografie; detaillierte bibliografische Daten sind im Internet über http://dnb.d-nb.de abrufbar.

ISBN: 9783346696908
Dieses Buch ist auch als E-Book erhältlich.

© GRIN Publishing GmbH
Nymphenburger Straße 86
80636 München

Alle Rechte vorbehalten

Druck und Bindung: Books on Demand GmbH, Norderstedt Germany
Gedruckt auf säurefreiem Papier aus verantwortungsvollen Quellen

Das vorliegende Werk wurde sorgfältig erarbeitet. Dennoch übernehmen Autoren und Verlag für die Richtigkeit von Angaben, Hinweisen, Links und Ratschlägen sowie eventuelle Druckfehler keine Haftung.

Das Buch bei GRIN: https://www.grin.com/document/1257270

FOM Hochschule für Oekonomie & Management

Hochschulzentrum Frankfurt am Main

Berufsbegleitender Studiengang zum Bachelor of Science

Wirtschaftsinformatik

7. Semester

Seminararbeit

(Umfang: 4117 Wörter)

Einfluss von Big Data in der Telemedizin

Autor: Octavian Zaiat

Abgabedatum: 31.03.2022

Inhaltsverzeichnis

Abbildungsverzeichnis

Abkürzungsverzeichnis

AHI:	Apnoe-Hypopnoe-Index
COVID	Coronavirus disease
CRISP:	Cross Industry Standard Process
DiGA:	Digitale Gesundheitsanwendung
DM:	Data Mining
DSGVO	Datenschutzgrundverordnung
eGK:	elektronische Gesundheitskarte
EKG:	Elektrokardiogram
ePA	elektronische Patientenakte
KI	Künstliche Intelligenz

1. Einleitung

Die Digitalisierung hat längst Einzug ins Gesundheitswesen gehalten. Bereits 2018 gab es rund 55.000 medizinische Apps für Smartwatches und Smartphones, die Herzfrequenz, Blutdruck, Tagesschritte und mehr messen. Auch Geräte, die früher Ärzten vorbehalten waren, wie Blutzuckermessgeräte oder solche, die Elektrokardiogramme aufzeichnen, stehen heute jedem Laien zur Verfügung. Gesundheitsapps in Verbindung mit Sensoren, die direkt am Körper angebracht werden, zeichnen laufend Daten auf und werten jene aus. Auf diese Art und Weise können sie Alarm auslösen, wenn bestimmte Messgrößen kritische Werte annehmen, lange bevor erste Krankheitssymptome auftreten. Interaktive Anwendungen, in denen Patienten entsprechende Daten eingeben, beinhalten die Chance, dass Krankheitsschübe, etwa bei rheumatischen Erkrankungen mithilfe von maschinellem Lernen besser vorhergesagt und effizientere Therapiebehandlungen gewählt werden. Prävention und Therapie könnten damit revolutioniert werden.[1]

Seit Oktober 2020 können sich die Patienten sog. DiGAs (digitale Gesundheitsanwendungen) sogar auf Rezept verschreiben lassen.[2] Aktuell (28.12.2021) haben mindestens 28 DiGAs eine vorläufige Zulassung erhalten.[3] Damit nicht genug. Auch die Anforderungen an die ärztliche Dokumentation werden sich massiv verändern. Durch die im E-Health-Gesetz festgeschriebenen Anforderungen wird die Dokumentation in Zukunft immer mehr von medizinischen Themen dominiert werden und damit weit mehr beinhalten als die korrekte Abrechnung medizinischer Leistungen. Dabei stammen die Daten nicht allein vom medizinischen Personal. Moderne Medizinprodukte sind in der Lage, Daten aus Geräten wie etwa einem Pulsoximeter, Elektrokardiografie- oder Blutzuckermessgeräten direkt in elektronische Patientenakten (ePA) zu übertragen.[4]

In der vorliegenden Arbeit wird zunächst dargestellt, was „Big Data" in der Telemedizin bedeutet. Anschließend wird am Beispiel von Wearables und Smartphones vorgestellt, welche Vorteile die Erhebung und Verwertung schon jetzt hat. Die Grundlagen schließen mit einer Gegenüberstellung der Chancen und Risiken moderner Telemedizin ab. Den Abschluss der

---

[1] Vgl. Jörg, J. (2018) S. 10-11
[2] Vgl. McDermott Will & Emery (2021) o. S.
[3] Vgl. Bundesinstitut für Arzneimittel und Medizinprodukte (2021) o. S.
[4] Vgl. Thun, S. (2018) S. 472

Arbeit bildet die Darstellung eines Data-Mining-Prozesses übertragen auf ein praktisches Beispiel mit der Entwicklung und Evaluation eines Data-Mining-Modells.

2. Big Data in der Telemedizin

2.1 Der Begriff Big Data

Was genau unter „Big Data" zu verstehen ist, bleibt weitestgehend im Unklaren. Einigkeit herrscht zumindest darüber, dass es mit der immensen weltweit verfügbaren Datenmenge zusammenhängt, die immer noch immens wächst. Um „Big Data" zu charakterisieren, wird noch die Geschwindigkeit, in der die Daten zur Verfügung stehen bzw. zur Verfügung gestellt werden und die Vielfalt der Daten als Charakteristikum hinzugenommen. Der Grund hierfür ist ganz einfach: Eine große Datenmenge nützt nichts, wenn sie erst zur Verfügung steht, wenn die Daten nicht mehr gebraucht werden oder die Vielfalt für den Zweck, zu dem sie erhoben werden, nicht ausreicht.[5]

2.2 Einsatz in der Telemedizin und Eingrenzung

Um Big Data und Telemedizin zueinander zu bringen, muss erst einmal geklärt werden, was unter Telemedizin verstanden wird. Unter Telemedizin werden alle medizinischen Behandlungsformen verstanden, bei denen moderne Telekommunikations- und Informationstechnologien zum Einsatz kommen. Formen davon sind z. B. Telekonsultationen, bei denen sich Ärzte über digitale Medien austauschen können. Weitere Beispiele sind das Telemonitoring von Vitalfunktionen wie Blutdrucküberwachung sowie der Teletherapie z. B. durch das Internet und DiGAs unterstützte Psychotherapie.[6] Einen Überblick über die unzähligen digitalen Anwendungen im Gesundheitswesen zu gewinnen ist alles andere als einfach. Einen ersten Eindruck über das, was im Moment entwickelt wird, kann mit einem Blick auf die Inhalte des E-Health-Gesetzes gewonnen werden. So sind gesetzliche Krankenkassen seit Januar 2021 verpflichtet, den bei ihnen versicherten Patienten die elektronische Patientenakte (ePA) anzubieten, die auf einem mobilen Endgerät, beispielsweise einem Smartphone, gespeichert werden.[7] Auf der ePA sollen neben den Verwaltungs- und Versicherungsstammdaten des Patienten alle bisherigen Befunde und Behandlungen inklusive aller dazu gehörenden Daten gespeichert werden. Daher soll ePA zu einer zentralen Sammelstelle für Ärzte und Patienten werden. Die Daten sollen nicht nur von medizinischem Fachpersonal erhoben und eingegeben werden, sondern direkt

---

[5] Vgl. Mayer-Schönberger, V. (2015) o. S.
[6] Vgl. Marx, G. u.a. (2015) S. 1053
[7] Vgl. Bundesministerium für Gesundheit (2021) o. S.

aus den bei der Anwendung zum Einsatz kommenden elektronischen Geräten, z. B. die soge-
nannten Wearables oder aktiv von Patienten eingegeben werden.[8]

2.3 Big Data durch Smartphones und Wearables

2.3.1 Das Potenzial von Wearables

Ein „Wearable Device" im telemedizinischen Sinn ist ein kleiner, mit Sensoren ausgestatteter
Computer, der am Körper getragen wird und Vitaldaten aufzeichnet. Die somit gewonnenen
Daten können über beliebige Instanzen automatisch verschickt und auch in der ePA gespeichert
werden. Wearables bieten eine einfache Möglichkeit des Selbstmonitorings der eigenen Vitaldaten. Durch direktes Feedback an den Träger können selbst gesetzte Fitnessziele erreicht werden und somit mit der Fitness auch die Gesundheit verbessert werden.[9]

Durch die direkte Übertragung von Daten an den Träger in Verbindung mit Daten, die auch
von einem Patienten eingegeben wurden, können die Geräte bei entsprechender Programmierung Alarm auslösen, wenn bestimmte Grenzwerte überschritten werden. Fühlt sich der Patient
unwohl, kann er die Daten auch per Knopfdruck an den Hausarzt senden, welcher die Daten
analysiert und gegebenenfalls Kontakt zu diesem Patienten aufnimmt.[10] Letztendlich können
die Vitaldaten über einen längeren Zeitraum aufgezeichnet und ausgewertet werden, was eine
wertvolle Entscheidungshilfe für die weitere Behandlung darstellt.

2.3.2 Das Smartphone als Behandlungshilfe

Wie eingangs bereits erwähnt, gibt es eine unüberschaubare Anzahl von digitalen Gesundheits-
und Wellnessapps, die kostenlos oder kostenpflichtig auf dem Smartphone installiert werden
können. Die Vielfalt erstreckt sich von einfachen Schrittzählern über Fitnessapps, welche Vitaldaten wie die Herzfrequenz und den Puls messen, manche sind sogar darauf ausgelegt, Herz-
rhythmusstörungen zu erkennen,[11] bis hin zu Apps, die das Schlaf- und Schnarchverhalten aufzeichnen und auswerten, die sogar als DiGA zur Verfügung stehen. Dabei werden Patienten,
welche an Schlaflosigkeit leiden, durch einen digitalen Schlafexperten begleitet, der auf einem
von Schlafforschern entwickelten Algorithmus basiert. Auf Grundlage der eingegebenen Daten
lernt der Algorithmus und die Inhalte können personalisiert werden.[12] Ob es sich hierbei um

---

[8] Vgl. Warda, F. (2005) S. 742
[9] Vgl. Jörg, J. (2018) S. 11-13.
[10] Vgl. Jörg, J. (2018) S. 40
[11] Vgl. Peters, J. (2020) o. S.
[12] Vgl. mementor DE GmbH (2021) o. S.

maschinelles Lernen handelt oder ob es einfach ein interaktiver Algorithmus ist, lässt sich schwer sagen.

2.3.3 Maschinelles Lernen aus Gesundheitsdaten

Von maschinellem Lernen wird erst gesprochen, wenn aus Daten permanent neues Wissen gewonnen wird. Dadurch können Krankheitsverläufe individueller vorhergesagt werden, Probleme schneller erkannt und Therapieentscheidungen unterstützt werden. Meist handelt es sich um Algorithmen, die in elektronische Patientenakten integriert sind. Die Begriffe „maschinelles Lernen" und „künstliche Intelligenz" werden dabei gleichbedeutend benutzt.[13] Es wird dort eingesetzt, wo bereits viele Daten vorhanden sind. Der Algorithmus wird so programmiert, dass er durch Daten, die als Trainingsset bezeichnet werden, lernen kann. Dies könnten beispielsweise 80 % der von Patienten gehorteten Daten sein. Die Daten der verbleibenden 20 % werden zur Validierung herangezogen. Durch die Daten lernt der Algorithmus, Antworten auf ein klinisches Problem zu finden.[14]

Das maschinelle Lernen ist dort am weitesten verbreitet, wo besonders viele Daten anfallen und das Bedürfnis nach Automatisierung besteht. Besonders hervorgetan hat sich hier die Radiologie mit ihrer automatisierten Bilderkennung z. B. zur Diagnose von Tumoren, Frakturen und auch von rheumatologischen Pathologien, die in der Regel die Diagnose verbessert. Somit wirkt sich die automatische Bildverarbeitung indirekt auch auf die Therapiebehandlung aus, da eine präzisere Diagnose die Grundlage für eine bessere Therapieentscheidung darstellt. Im besten Fall verarbeiten Algorithmen immer neu hinzukommende Daten und erlernen immer effizientere Lösungen. Dies verringert das reine Ausprobieren von Therapiemöglichkeiten, was leider immer noch häufig vorkommt.[15] Es versteht sich von selbst, dass der Leidensweg des Patienten umso mehr verlängert wird, desto länger es dauert, bis die für ihn optimale Therapie gefunden ist. Im Idealfall wird das maschinelle Lernen mit jedem neuen Datensatz leistungsfähiger und die dadurch unterstützten Therapieentscheidungen werden immer besser. Dabei ist eine gut funktionierende Interaktion zwischen Arzt und Patient unerlässlich.[16]

---

[13] Vgl. Hügle, T. u. a. (2021) S. 914
[14] Vgl. ebd. S. 914
[15] Vgl. ebd. S. 915
[16] Vgl. ebd. S. 915

3 Chancen und Risiken von Big Data

3.1 Chancen

Die Visionen mit der Einführung von „Big Data" in Verbindung mit ePA und DiGA sind wahrlich groß. Deutlich mehr als die derzeitigen 28 existierenden DiGAs sollen automatisch an die ePA angebunden werden. Die DiGAs selbst beinhalten zunehmend KI-basierte Diagnose- und Therapieunterstützungen, die als echte digitale Gesundheitsbegleiter agieren.[17]

Überfüllte Wartezimmer und das Abarbeiten von Patienten im 6-7-Minutentakt gehören der Vergangenheit an. Die Behandlung richtet sich nach der individuellen Situation der Patienten. Medizinische Daten liegen strukturiert in interoperablen Daten vor. Das heißt, unabhängig vom Anbieter der DiGAs und unabhängig von den Herstellern von Wearables und anderen medizinischen Geräten können Daten übertragen, gelesen und ausgewertet werden. Dies geschieht weitestgehend automatisiert. Medizinisches Personal sowie der Patient kann sich je nach Kontext seine Daten in entsprechenden Ansichten darstellen lassen. Dabei spielt es keine Rolle, wo sich der Patient befindet. Auch bei Auslandsreisen haben die dort ansässigen Ärzte den gleichen Zugriff auf das Datenmaterial und können sich die Daten aufbereitet in ihrer Landessprache anzeigen lassen.[18]

Durch das kontinuierliche Monitoring und der zusätzlichen Expertise von Experten, die per Televisite einfacher hinzugezogen werden können, sowie der zentralen Aufbewahrung der medizinischen Daten, können Fehler vermieden werden, Diagnosen schneller gestellt, Warnzeichen früher entdeckt und damit die Sicherheit der Patienten deutlich erhöht werden. Infolgedessen können Hospitalisierungen und Doppelbelastungen vermieden werden, was zur Entlastung aller Gesundheitsakteuren im Krankenhaus führen kann. Kontrolluntersuchungen, die via Televisite abgehalten werden können, führen zu Zeitersparnissen beim medizinischen Personal und es kann die Versorgung in ländlichen Regionen sicherstellen, wo schon jetzt ein Fachärztemangel herrscht.[19] Nicht zuletzt bietet eine große Datenbank, wie sie vom ehemaligen Bundesgesundheitsminister Jens Spahn angestrebt wurde, auch die Möglichkeit für umfangreiche Forschungsvorhaben.[20]

---

[17] Vgl. Brönneke, J. u. a. (2021) S. 1285
[18] Vgl. ebd. S. 1286
[19] Vgl. Marx, G. u. a. (2015) S. 1053
[20] Vgl. Bager, J. (2019) o. S.

3.2 Risiken

Wo Licht ist, ist auch Schatten. Große Datenmengen, insbesondere so sensible Daten wie diejenigen über die Gesundheit, wecken Begehrlichkeiten. Der Datenschutz wird bei alledem zu einer großen Herausforderung. Entsprechende Gesetzgebungsvorhaben wurden z. B. für DiGAs bereits auf den Weg gebracht.[21] Neben der rezeptpflichtigen DiGAs bieten die Krankenkassen bereits kostenlose Apps an, die mitunter hochsensible Gesundheitsdaten sammeln. Im Gegensatz zu den DiGAs, welche durch das Bundesinstitut für Arzneimittel und Medizinprodukte grundlegend geprüft werden, findet bei den durch die Krankenkassen angebotenen Apps eine solche Prüfung in der Regel nicht statt. Auch hier hat der Gesetzgeber vorgesorgt und Gesundheitsdaten nach Art. 9 Datenschutzgrundverordnung (DSGVO) für besonders schützenswert erklärt.[22]

Im Computer Labor wurden 22 solcher Apps auf Schwachstellen untersucht. Das Ergebnis war ernüchternd: Bei vielen Apps war der Programmiercode frei zugänglich und unzureichend gegen Manipulationen geschützt.[23] Als besonders problematisch wird der Einsatz von Trackern, die den Nutzern bei nahezu jedem Klick und jeder Texteingabe über die Schulter schauen und aufgezeichnete Daten an externe Tracking-Dienste senden. Im Falle des Barmer-Teledoktors sogar an einen Dienstleister in die USA.[24] Welchen Schaden mangelnder Schutz vor Cyber-Attacken mit sich bringt, zeigt die Hacker-Attacke auf einen Arztpraxis-Software-Anbieter. Der Anbieter, dessen Software in etwa 20 % der deutschen Arztpraxen im Einsatz ist, kann nicht ausschließen, dass sensible Patientendaten entwendet wurden.[25]

---

[21] Vgl. Jorzig, A. u. a. (2021) S. 976
[22] Vgl. Wischnjak, D. (2020) S. 62
[23] Vgl. ebd. S. 63
[24] Vgl. ebd. S. 64
[25] Vgl. Borchers, D. (2021) S. 64

4. Data Mining mit dem CRISP Modell

In diesem Kapitel geht es um den praktischen Teil dieser Arbeit. Ziel dieses Abschnitts ist es, einerseits das Verfahren mit CRISP-DM zu erläutern und andererseits ein geeignetes Data-Mining-Modell zu erstellen, mit dem die für diese Arbeit zur Verfügung gestellten EKG-Datensätze verarbeitet werden können. CRISP-DM steht für Cross Industry Standard Process for Data Mining und ist aktuell der Standard im Bereich Data Mining.[26] Somit lassen sich wiederholbare Data-Mining-Prozesse zuverlässig durchführen. Dieses Vorgehensmodell bietet Flexibilität und einen einheitlichen Rahmen mit Richtlinien, damit unterschiedliche Projekte an unterschiedliche Geschäftsprobleme angepasst werden können. CRISP-DM umfasst die folgenden Phasen: Business Understanding, Data Understanding, Data Preparation, Modeling, Evaluation und Deployment, über die auf den nächsten Folien ausführlicher gesprochen wird.[27] Der Gesamtablauf von CRISP-DM lässt sich in der Abbildung 1 veranschaulichen.

Abbildung 1: CRISP-DM Model

Quelle: Ghavami P. (2019) S. 55

4.1 Business Understanding

Business Understanding bildet die erste Phase von CRISP-DM. Hier geht es um das grundlegende Verständnis des Anwendungsfalls. Das bedeutet, dass in dieser Phase typischerweise

---

[26] Vgl. J. Roiger R. (2017) S. 215-216
[27] Vgl. Ghavami, P. (2019) S. 54-55

Ziele und Anforderungen definiert werden müssen. Zudem werden vorläufige Projekt- und Zeitpläne erstellt.[28] Alle Projektbeteiligte diskutieren über das zu lösende Geschäftsproblem und über den erwarteten Nutzen. Es wird unter anderem entschieden, welche Soft- und Hardwareressourcen zur Verfügung stehen müssen und wie viel Aufwand erforderlich ist, um das Ziel zu erreichen.[29]

4.1.1 Zieldefinition

Die EKG-Daten sollten vom Server heruntergeladen werden. Für die weitere Verarbeitung müssen die Daten kontrolliert, bereinigt und validiert werden. Zur Auswertung der Daten muss ein Data-Mining-Algorithmus mit Python entwickelt werden. Die Datensätze werden von PhysioNet bereitgestellt, einer öffentlichen Forschungsplattform für komplexe physiologische Signale. Eines der Ziele dieses DM-Modells besteht darin, EKG-Aufzeichnungen zu verwenden, um das Vorhandensein oder Fehlen eines obstruktiven Schlafapnoe-Syndroms während der Aufzeichnungen zu erkennen. Im nächsten Schritt wird der Apnoe-Hypopnoe-Index (AHI) berechnet und der resultierende Index einer Kategorie zugeordnet.

4.1.2 Obstruktive Schlafapnoe

Eine Schlafapnoe ist eine gefährliche Atemstörung, die dazu führt, dass die Atmung während des Schlafs für einige Sekunden oder Minuten wiederholt verringert wird oder komplett aussetzt. Das Auftreten solcher Atempausen haben oft schwerwiegende Folgen. Das Syndrom kann zu verminderter Lebensqualität, psychischen Problemen und einem dreifachen Risiko für Herzinfarkt und Schlafanfall führen.[30] Abbildung 2 zeigt, wie sich Apnoe im Schlaf entwickeln kann.

Abbildung 2: Das obstruktive Schlafapnoesyndrom

Anmerkung der Redaktion: Abbildung wurde aus urheberrechtlichen Gründen entfernt.

Quelle: https://www.uniklinik-ulm.de/hals-nasen-und-ohrenheilkunde/schlafmedizin/obstruktives-schlafapnoesyndrom.html

Die vom EKG aufgezeichneten Daten liefern wertvolle Hinweise, um eine Atemstörung rechtzeitig erkennen zu können. Dazu müssen die Anmerkungen zur Apnoe für jede aufgezeichnete

---

[28] Vgl. Wirth R. u. a. (o. J) o. S
[29] Vgl. Ghavami, P. (2019) S. 54
[30] Vgl. Universitätsklinikum-Ulm (o. J.) o. S.

Minute in den bereitgestellten EKG-Daten gelesen werden.[31] Genau das wird die Herausforderung sein, die große Menge an Daten auszuwerten.

4.2 Data Understanding

In dieser Phase geht es um die explorative Analyse der Daten, die Identifizierung von Datenattributen, Volumen, Korrelationen und Attributtypen. Ganz entscheidend ist in dieser Phase ein grundlegendes Verständnis über die Menge und Art der Daten zu bekommen. Die Qualität der Daten wird überprüft und anschließend eine technische Machbarkeitsanalyse durchgeführt.[32]

Die von PhysioNet bereitgestellten Daten bestehen aus insgesamt 70 Datensätzen, die in einer Menge von Lern- und Testdaten unterteilt sind. Die Menge mit den Lerndaten besteht aus 35 Datensätzen, die unter den Bezeichnungen a01 bis a20, b01 bis b05 und c01 bis c10 zu finden sind. Die Testdaten befinden sich unter den Bezeichnungen x01 bis x35. Die Länge jeder Aufnahme variiert zwischen 7 und 10 Stunden. Jede Aufzeichnung enthält ein kontinuierliches digitalisiertes EKG-Signal und eine Reihe von Apnoe-Anmerkungen, die von menschlichen Experten basierend auf den gleichzeitig aufgezeichneten Atmungs- und zugehörigen Signalen abgeleitet wurden. In den Datensätzen a01 bis a04, sowie b01 und c01 bis c03 werden drei zusätzliche Atemsignale (Oronasaler Luftstrom gemessen mit Nasenthermistoren, Atemanstrengung von Brust und Bauch gemessen mit induktiver Plethysmographie) und ein Sauerstoffsättigungssignal bereitgestellt, die als Referenzmaterial verwendet werden können, um die Beziehungen zwischen Atmungs- und EKG-Signalen zu verstehen.[33]

Jeder Aufnahme werden mehrere Dateien zugeordnet. Die Dateien in der Form „dat" enthalten die digitalen EKG-Signale. Die Dateien in der Form „hea" geben die Namen und die Formate der zugehörigen Signaldateien an und werden von bestimmten Softwares benötigt. Die Dateien mit der Endung „apn" enthalten für jede Minute Anmerkungen über das Vorhandensein des Schlafapnoesyndroms. Diese Dateien sind nur für die 35 Lerndatensätze verfügbar. Die „qrs" Dateien sind Dateien mit diversen Anmerkungen, die maschinell erstell wurden.[34]

Diese Daten stammen aus den EKG-Aufzeichnungen von Männern und Frauen, die sich im Alter von 27 und 63 Jahren befinden und ein Gewicht von 53 bzw. 135 kg. haben. Da die Aufzeichnungen Anmerkungen zu Apnoe und Hypopnoe enthalten, wird für diese Arbeit die

---

[31] Vgl. Moody, G. u. a. (2000) o. S.
[32] Vgl. Ghavami, P. (2019) S. 54-55
[33] Vgl. Moody, G. u. a. (2000) o. S.
[34] Vgl. Moody, G. u. a. (2000) o. S.

Berechnung des Apnoe-Hypopnoe-Indexes (AHI) relevant sein. Um diesen Index zu bestimmen, muss die Gesamtzahl der kumulierten Apnoeminuten aus einer Aufzeichnung durch die gesamte aufgezeichnete Zeit (Schlafdauer) in Stunden dividiert werden. Auf Grundlage des ermittelten Wertes können die Aufnahmen in den Klassen A, B und C klassifiziert werden. Klasse A (Apnoe) umfasst einen AHI von 10 oder höher und mindestens 100 Minuten mit Apnoe während einer Aufzeichnung. Alle Aufnahmen der Klasse A wurden als gesundheitsgefährdend eingestuft. Klasse B (Grenzwert) beinhaltet einen AHI zwischen 5 und 10 und in der Klasse C wird jede Aufzeichnung zugeordnet, die einen AHI kleiner als 5 hat. Diese Aufnahmen gelten als normal.[35]

4.3 Data Preparation

In dieser Phase geht es um die Aufbereitung der Daten für das nachfolgende Data-Mining-Modell. Es kommen hier einige Verfahren zum Einsatz, um die Daten zu bereinigen oder nur Daten ausreichender Qualität auszuwählen. Sollte bei einer Datenanalyse feststellbar sein, dass Daten fehlen oder fehlerhaft sind, kann im Rahmen der Datenbereinigung über das weitere Vorgehen entschieden werden. Beispielsweise können Methoden angewendet werden, um die Daten zu rekonstruieren. Am Ende dieser Phase müssen die Daten ggf. noch in die Datenbank integriert, zusammengeführt und bei Bedarf normalisiert werden. Abschließend wird noch das Datenformat untersucht und es an den Algorithmus angepasst. Das klare Ziel ist hier also die Vorbereitung der Daten für die nächste Phase.[36]

4.4 Modeling

Diese Phase befasst sich mit der Auswahl, Modellierung, Anwendung und Bewertung des Data-Mining-Algorithmus. Zahlreiche Algorithmen werden eingesetzt, um das aus der Business Understanding definierte Problem zu lösen.[37] Die Daten werden in der Regel in einen Satz von Test- und Trainingsdaten zerlegt, auf deren Grundlage das Data-Mining-Modell später aufgebaut werden kann. Bei der Modellierung werden auch die Aspekte Leistungsfähigkeit, Skalierung und Dokumentation berücksichtigt.[38]

Nach dem Herunterladen der EKG-Daten von PhysioNet kann mit der Modellierung des Data-Mining-Modells begonnen werden. Die Dateien bestehen aus 35 Trainings- und 35 Testdatensätzen, die EKG-Aufzeichnungen von verschiedenen Probanden enthalten. Zur Bestimmung

---

[35] Vgl. ebd. o. S.
[36] Vgl. Wilde, A. (2019) o. S
[37] Vgl. Ghavami, P. (2019) S. 55
[38] Vgl. Weinblat J. (2014) S. 91-92

von Fehlen oder Vorhandensein einer Atemaussetzung während des Schlafs, muss eine ent-sprechende Datei mit Annotationen ausgewertet werden. Außerdem ist es wichtig, den AHI-Index zu berechnen, um anhand der Klassen A, B und C den Schwerengrad dieser Krankheit zu erkennen. Für diesen Anwendungsfall sind nur Aufnahmen im Dateiformat „apn" relevant, da sie die notwendigen Symbole ("A" und "N") enthalten, die angeben, ob während einer Mi-nute ein normaler Schlag („Normal beat" mit dem Symbol N) oder ein atrialer vorzeitiger Schlag („atrial premature beat" mit dem Symbol A) stattgefunden hat.

In den folgenden Abschnitten wird gezeigt, wie z. B. ein Data-Mining-Algorithmus mit Python implementiert werden kann. Zunächst werden Dateien im „apn"-Format gesucht und in einer Liste foundApnFiles[] abgespeichert. Abbildung 3 zeigt dies im Code.

Abbildung 3: Einlesen von Dateien

```
In [66]:  ▶   1   foundApnFiles=[]
              2   import glob, os
              3   os.chdir("C:/Users/octav/Apnoe-EKG-Database/apnea-ecg-database")
              4   for file in glob.glob("*.apn"):
              5       fileName=file.split(".")
              6       foundApnFiles.append(fileName[0])
```

Quelle: Eigene Darstellung

Zur Weiterverarbeitung von EKG-Signalen und Annotationen muss die Python-Bibliothek „wfdb" (wave-form-database) im Skript importiert werden, damit Dateien eingelesen werden können. Daher wird im nächsten Schritt das Objekt „annotation" erstellt, um auf die Symbole „N" und „A" zugreifen zu können. Abbildung 4 zeigt den gesamten Python-Algorithmus.

11

```
 1  import wfdb
 2  datasets=[]
 3
 4  def determineAHI(totalAmount, recordLength):
 5      index = (totalAmount/recordLength) * 60
 6      index = round(index, 1)
 7      return index
 8
 9  def classifyIndex(index):
10      if index < 5.0:
11          return 'C'
12      elif index >= 5.0 and index <= 10.0:
13          return 'B'
14      elif index > 10.0:
15          return 'A'
16
17  for file in foundApnFiles:
18      annotation = wfdb.rdann(file, 'apn', sampfrom=0)
19      amountOfNoApneaMinutes=[]
20      amountOfExistingApneaMinutes=[]
21      for i in annotation.symbol:
22          if i == 'N':
23              amountOfNoApneaMinutes.append(i)
24          if i == 'A':
25              amountOfExistingApneaMinutes.append(i)
26      amountOfNoApneaMinutes = len(amountOfNoApneaMinutes)
27      amountOfExistingApneaMinutes = len(amountOfExistingApneaMinutes)
28      recordLength = amountOfNoApneaMinutes + amountOfExistingApneaMinutes
29
30      determinedIndex=determineAHI(amountOfExistingApneaMinutes, recordLength)
31
32      determinedClass=classifyIndex(determinedIndex)
33
34      data=[]
35      data.append(file)
36      data.append(recordLength)
37      data.append(amountOfNoApneaMinutes)
38      data.append(amountOfExistingApneaMinutes)
39      data.append(determinedIndex)
40      data.append(determinedClass)
41
42      datasets.append(data)
```

Quelle: Eigene Darstellung

Die Funktion „wfdb.rdann()" in der Zeile 18 sorgt dafür, dass Dateien mit bestimmten Annotationen gelesen und in Objekte gespeichert werden können. Das Objekt verfügt nun über alle Symbole aus der mitgelieferten Datei. Die äußere Schleife in Zeile 17 stellt sicher, dass für jede gefundene „apn"-Datei die darunter liegende Logik angewendet wird.

Die „for"-Schleife in Zeile 21 vergleicht und zählt die Gesamtzahl der Symbole „N" und „A" aus „file". Die Funktion „len()" berechnet die Länge des Arrays und gibt sie als Integer-Wert zurück. In den Zeilen 4 und 9 sind zusätzliche Funktionen implementiert, um den AHI zu berechnen. Die Funktion „determineAHI()" ruft in Zeile 6 die Funktion „round()" auf, um dadurch die Ausgabe des Indexes auf eine Nachkommastelle zu runden. Die Funktion „classifyIndex()" prüft den eingegebenen Indexwert und gibt einen entsprechenden Buchstaben zurück, der dann in der Variable „determinedClass" gespeichert wird. Nachdem die

Berechnungen an den einzelnen Dateien durchgeführt wurden, können die Resultate an die Liste „data[]" angehängt werden. Eine Beispielausgabe kann in der Abbildung 5 gezeigt werden. Diese Daten werden in der nächsten Phase evaluiert und interpretiert.

Abbildung 5: Ausgabe der Daten

```
In [74]:  ▶  1  datasets

[['a01', 489, 19, 470, 57.7, 'A'],
 ['a01er', 489, 19, 470, 57.7, 'A'],
 ['a01r', 489, 19, 470, 57.7, 'A'],
 ['a02', 528, 108, 420, 47.7, 'A'],
 ['a02er', 528, 108, 420, 47.7, 'A'],
 ['a02r', 528, 108, 420, 47.7, 'A'],
 ['a03', 519, 273, 246, 28.4, 'A'],
 ['a03er', 519, 273, 246, 28.4, 'A'],
 ['a03r', 519, 273, 246, 28.4, 'A'],
 ['a04', 492, 39, 453, 55.2, 'A'],
 ['a04er', 492, 39, 453, 55.2, 'A'],
 ['a04r', 492, 39, 453, 55.2, 'A'],
 ['a05', 454, 178, 276, 36.5, 'A'],
 ['a06', 510, 304, 206, 24.2, 'A'],
 ['a07', 511, 189, 322, 37.8, 'A'],
 ['a08', 501, 312, 189, 22.6, 'A'],
 ['a09', 495, 114, 381, 46.2, 'A'],
 ['a10', 517, 417, 100, 11.6, 'A'],
 ['a11', 466, 244, 222, 28.6, 'A'],
```

Quelle: Eigene Darstellung

4.5 Evaluation

Nach dem Modeling besteht der nächste Schritt darin, die Ergebnisse zu evaluieren. Dabei muss sichergestellt werden, dass das erzeugte Modell auf reale Daten angewendet wurde und die Ergebnisse einen Bezug für die im Business Understanding definierten Ziele haben. Die Bewertung von Ergebnissen kann beispielsweise durch eine Kosten-Nutzen-Analyse erfolgen. In dieser Phase wird der gesamte Prozess zurückgeblickt, indem beispielsweise geprüft wird, ob aus den verfügbaren Daten gewonnenen Ergebnissen sich ein Nutzen ergeben hat und ob alle Arbeitsschritte bis zu diesem Zeitpunkt abgearbeitet worden sind.[39, 40] Da nun klar ist, was im Rahmen dieser Phase passiert, kann mit der Evaluierung von Ergebnissen fortgesetzt werden. Die in der Abbildung 5 generierten Daten müssen zur weiteren Darstellung und Interpretation tabellarisch dargestellt werden. Dies kann mit der Python-Bibliothek „pandas" umgesetzt werden, wie in Abbilddung 6 gezeigt wird.

---

[39] Vgl. Weinblat, J. (2014) S. 92
[40] Vgl. Wilde, A. (2019) o. S

Abbildung 6: Import Statement

```
1  import pandas as pd
2  dataFrame = pd.DataFrame(datasets, columns=['Record/Filename',
3                                              'Record length (Minutes)',
4                                              'Non-Apnea detected (Minutes)',
5                                              'Apnea detected (Minutes)',
6                                              'AHI',
7                                              'Class'])
```

Quelle: Eigene Darstellung

Mit der Funktion „pd.DataFrame()" können die darin enthaltenen Datensätze einer Tabelle zugeordnet werden, sodass die Ergebnisse verglichen und bewertet werden können. Hier muss noch einen Header mit den jeweiligen Überschriften mitgegeben werden. Die resultierende Tabelle lässt aus den EKG-Aufzeichnungen Rückschlüsse auf den Gesundheitszustand von Patienten mit obstruktiver Schlafapnoe zu. Mit der Abbildung 7 werden die Ergebnisse aus dem Data-Mining-Verfahren gezeigt.

```
1  dataFrame
```

2]:

	Record/Filename	Record length (Minutes)	Non-Apnea detected (Minutes)	Apnea detected (Minutes)	AHI	Class
0	a01	489	19	470	57.7	A
1	a01er	489	19	470	57.7	A
2	a01r	489	19	470	57.7	A
3	a02	528	108	420	47.7	A
4	a02er	528	108	420	47.7	A
5	a02r	528	108	420	47.7	A
6	a03	519	273	246	28.4	A
7	a03er	519	273	246	28.4	A
8	a03r	519	273	246	28.4	A
9	a04	492	39	453	55.2	A
10	a04er	492	39	453	55.2	A
11	a04r	492	39	453	55.2	A
12	a05	454	178	276	36.5	A
13	a06	510	304	206	24.2	A
14	a07	511	189	322	37.8	A
15	a08	501	312	189	22.6	A
16	a09	495	114	381	46.2	A
17	a10	517	417	100	11.6	A
18	a11	466	244	222	28.6	A
19	a12	577	43	534	55.5	A
20	a13	495	251	244	29.6	A
21	a14	509	126	383	45.1	A
22	a15	510	142	368	43.3	A
23	a16	482	162	320	39.8	A
24	a17	485	327	158	19.5	A
25	a18	489	51	438	53.7	A
26	a19	502	297	205	24.5	A
27	a20	510	195	315	37.1	A
28	b01	487	468	19	2.3	C
29	b01er	487	468	19	2.3	C
30	b01r	487	468	19	2.3	C
31	b02	517	424	93	10.8	A
32	b03	441	368	73	9.9	B
33	b04	429	419	10	1.4	C

34	b05	433	376	57	7.9	B
35	c01	484	484	0	0.0	C
36	c01er	484	484	0	0.0	C
37	c01r	484	484	0	0.0	C
38	c02	502	501	1	0.1	C
39	c02er	502	501	1	0.1	C
40	c02r	502	501	1	0.1	C
41	c03	454	454	0	0.0	C
42	c03er	454	454	0	0.0	C
43	c03r	454	454	0	0.0	C
44	c04	482	482	0	0.0	C
45	c05	466	463	3	0.4	C
46	c06	468	467	1	0.1	C
47	c07	429	425	4	0.6	C
48	c08	513	513	0	0.0	C
49	c09	468	466	2	0.3	C
50	c10	431	430	1	0.1	C

Quelle: Eigene Darstellung

4.6 Deployment

Mit dem Deployment wird die letzte Phase von CRISP-DM abgeschlossen. Hier geht es vor allem darum, das entstandene Modell bereitzustellen und es in die bestehende IT-Infrastruktur des Unternehmens zu integrieren. In dieser Phase wird der gesamte Prozess analysiert, um über Verbesserungsmöglichkeiten mit allen Projektbeteiligten sprechen zu können. Dabei werden strategische und organisatorische Fragen behandelt, einschließlich der Umsetzung neuer Features.[41] Aspekte des Projektmanagements sollen dabei helfen, die durchgeführten Maßnahmen und den Fortschritt des Projekts zu kontrollieren. Zum Abschluss ist es sinnvoll, die wichtigsten Fakten und Erkenntnisse in einem Abschlussbericht zusammenzufassen, um Probleme bei der nächsten Prozessiteration besser zu vermeiden.[42]

5 Kritische Betrachtung

Im Mittelpunkt dieser Arbeit steht die Untersuchung zur Rolle von Big Data in der Telemedizin. Die wichtigsten Aspekte der Telemedizin werden angesprochen, während andere verwandte Themen wie Telemonitoring, Teletherapie oder die Möglichkeiten von ePA nur kurz behandelt werden, da eine ausführlichere Erläuterung über diese Aspekte den Rahmen dieser Arbeit gesprengt hätte. In dieser Arbeit werden Einblicke in maschinelles Lernen gegeben, jedoch

---

[41] Vgl. Schäfer, F. u. a (2018) S. 192-193
[42] Vgl. Wilde, A. (2019) o. S

konnte maschinelles Lernen im Rahmen der algorithmischen Programmierung nicht wirklich implementiert werden, da dies zeitliche und formale Vorgaben überschritten hätten.

6 Fazit

Die vorliegende Arbeit beschäftigt sich mit dem Einfluss von Big Data in der heutigen Telemedizin. Auf den ersten Folien wird erklärt, was der Begriff Big Data bedeutet, welche Auswirkungen Smartphones und Wearables auf die Telemedizin heute haben bzw. welches Potenzial in diesen Technologien bereits steckt. Am Ende von Kapitel 2 wird kurz auf den Zusammenhang zwischen Big Data und maschinellem Lernen eingegangen. Auch die Risiken und Chancen von Big Data werden dabei thematisiert. Der praktische Teil dieser Arbeit umfasst die Beschreibung des Data-Mining-Standardprozesses CRISP und die Auswertung einer Vielzahl von EKG-Aufzeichnungen. Ziel dieser Arbeit war unter anderem, ein Modell zu erstellen, das in der Lage ist, das obstruktive Schlafapnoe-Syndrom auf Grundlage der aufgezeichneten EKG-Signalen zu identifizieren und die entsprechenden Aufzeichnungen in bestimmten Kategorien einzuordnen.

Fortschritte auf dem Gebiet der künstlichen Intelligenz und die kontinuierliche Modernisierung tragbarer mobiler Geräte mit verschiedenster Sensorik spielen eine wichtige Rolle in der Telemedizin und ihrer Weiterentwicklung. Durch die Digitalisierung des Gesundheitswesens und die neuesten E-Health-Gesetze nimmt die Menge an gesundheitsbezogenen Daten und der Einfluss von Big Data in diesem Bereich von Jahr zu Jahr zu. Das Finden eines richtigen Kompromisses zwischen Datensicherheit und der Automatisierung der Verarbeitung von Daten in großen Maßen, könnte eine Chance sein, die medizinische Versorgung und die Gesundheit der Menschen zu verbessern.

7 Ausblick

Telemedizinische Dienste erlebten im Jahr 2021 einen großen Aufschwung. Dies ist auf die globale COVID-19-Pandemie und ihre Maßnahmen zurückzuführen. Immer mehr Menschen wenden sich der Möglichkeiten der ärztlichen Behandlung aus der Ferne zu. Ein weiterer Grund ist die Zunahme medizinischer Apps und deren breite Akzeptanz in der Bevölkerung. Telemedizin wird auch in Krankenhäusern und Kliniken immer beliebter, weil dadurch medizinisches Personal und andere Ressourcen entlastet werden. Die Einführung von ePA und des E-Rezepts ist der Beitrag des Bundesministeriums für Gesundheit zur Digitalisierung des

Gesundheitswesens.[43] Die Einführung des E-Rezeptes ist jedoch noch ziemlich problematisch, da die notwendigen technischen Systeme nicht allgegenwärtig sind, sodass der Testbetrieb weitergeführt werden musste.[44]

Neben technischen Problemen gibt es Bedenken hinsichtlich der Datensicherheit und des möglichen Missbrauchs dieser hochsensiblen Daten. Smartwatches, Smartphones und dazugehörige Apps zeichnen ständig Informationen über den Puls, die Herzfrequenz und andere Vitalfunktionen eines Benutzers auf. Diese Daten landen oft auf den Servern des Herstellers, was meistens die Grundsätze über die Kontrolle der Daten in Frage stellt. Von daher erfordern diese Probleme weitere Untersuchungen.

---

[43] Vgl. Bundesministerium für Gesundheit (2021) o. S.
[44] Vgl. t-online (2021) o. S.

8 Literaturverzeichnis

Bager, Jo (2019): E-Health: Intimste-Daten-Abfluss-Gesetz, https://www.heise.de/select/ct/2019/25/1575645521627914, Abruf am 07.01.2022

Borchers, Detlef: Besser ohne Termin: Überhastete Digitalisierung gefährdet das Gesundheitssystem, in: ct Magazin für Computertechnik, Bd. 2021, Nr. 26, 2021, S. 62–67

Brönneke, Jan Benedikt; J. Hagen; P. Kirchner; H. Matthies (2021): Digitalisierte Gesundheitsversorgung im Jahr 2030 – ein mögliches Szenario, https://link.springer.com/article/10.1007/s00103-021-03416-8?error=cookies_not_supported&code=f2d2d024-8d82-4227-ab98-2c823078e4e7, Abruf am 05.01.2022

Bundesinstitut für Arzneimittel und Medizinprodukte (2021): DiGA - Verzeichnis, https://diga.bfarm.de/de, Abruf am 28.12.2021

Bundesministerium für Gesundheit (2021): E-Health, https://www.bundesgesundheitsministerium.de/service/begriffe-von-a-z/e/e-health.html, Abruf am 29.12.2021

Bundesministerium für Gesundheit (2021): E-Health-Digitalisierung im Gesundheitswesen, https://www.bundesgesundheitsministerium.de/e-health-initiative.html, Abruf am 23.01.2022

Bundesministerium für Gesundheit (2021): Elektronische Patientenakte, https://www.bundesgesundheitsministerium.de/elektronische-patientenakte.html, Abruf am 29.12.2021

Ghavami, Peter (2019): Big Data Analytics Methods: Analytics Techniques in Data Mining, Deep Learning and Natural Language Processing, Second Edition, Berlin/Boston, Walter de Gruyter, 2019

Hügle, Thomas; Maria Kalweit (2021): Künstliche Intelligenz-unterstützte Behandlung in der Rheumatologie, in: Zeitschrift für Rheumatologie, Bd. 80, Nr. 10, 2021, doi:10.1007/s00393-021-01096-y, S. 914–927

J. Roiger, Richard (2017): Data Mining – a Tutorial Based Primer, Second Edition, Boca Raton, Taylor & Francis Group, 2017

Jörg, Johannes (2018): Digitalisierung in der Medizin – wie Gesundheits-Apps, Telemedizin, künstliche Intelligenz und Robotik das Gesundheitswesen revolutionieren, Berlin, Springer Verlag, 2018

Jorzig, Alexandra; L. Kellermeier (2021): Besondere datenschutzrechtliche Anforderungen an Gesundheitsapps auf Rezept (DiGA), https://link.springer.com/article/10.1007/s00350-021-6033-5?error=cookies_not_supported&code=ee88c076-9045-4cdc-bf9a-e1e7e0b7fc89, Abruf am 05.01.2022

Marx, Gernot; Rainer Beckers (2015): Telemedizin in Deutschland, in: Bundesgesundheitsblatt - Gesundheitsforschung - Gesundheitsschutz, Bd. 58, Nr. 10, 2015, doi:10.1007/s00103-015-2232-4, S. 1053–1055

Mayer-Schönberger, Viktor (2015): Was ist Big Data? Zur Beschleunigung des menschlichen Erkenntnisprozesses | APuZ, https://www.bpb.de/apuz/202242/zur-beschleunigung-menschlicher-erkenntnis?p=0, Abruf am 29.12.2021

McDermott Will & Emery (2021): DIGAS und DIPAS gemäß dem Entwurf des digitale-Versorgung-und Pflege-Modernisierungs-Gesetzes, https://www.mwe.com/de/insights/digas-und-dipas-gemaess-dem-entwurf-des-digitale-versorgung-und-pflege-modernisierungs-gesetzes/, Abruf am 28.12.2021

mementor DE GmbH (2021): Was ist somnio, https://somn.io/was-ist-somnio/, Abruf am 04.01.2022

Moody, George; Roger, Mark (2000): Apnea-ECG Database, https://physionet.org/content/apnea-ecg/1.0.0/, Abruf am 27.12.2021

Moody, George; Roger, Mark (2000): Detecting and Quantifying Apnea Based on the ECG: The PhysioNet/Computing in Cardiology Challenge 2000, https://physionet.org/content/challenge-2000/1.0.0/, Abruf am 23.12.2021

Peters, Jutta (2020): Puls messen: Diese 5 Apps haben Deine Herzfrequenz im Blick, https://www.turn-on.de/article/puls-messen-diese-5-apps-haben-deine-herzfrequenz-im-blick-333327, Abruf am 04.01.2022

Schäfer, Franziska; Zeiselmair Christian; Becker, Jonas; Otten, Heiner (2018): Synthesizing CRISP-DM and Quality Management: A Data Mining Approach for Production Processes, https://ieeexplore.ieee.org/stamp/stamp.jsp?tp=&arnumber=8691266, Abruf am 31.12.2021

Thun, Sylvia (2018): Daten in Klinik und Praxis – was ist wichtig?, https://link.springer.com/article/10.1007/s00129-018-4253-1?error=cookies_not_supported&code=455c0a0f-bedc-4ea3-bf0a-9d28d9dd4c15, Abruf am 28.12.2021

t-online (2021): Pflicht zum E-Rezept auf unbestimmte Zeit verschoben, https://www.t-online.de/digital/internet/id_100004022/e-rezept-pflicht-wegen-technischer-probleme-verschoben-testphase-bleibt.html, Abruf am 23.01.2022

Universitätsklinikum-Ulm: Das obstruktive Schlafapnoesyndrom, https://www.uniklinik-ulm.de/hals-nasen-und-ohrenheilkunde/schlafmedizin/obstruktives-schlafapnoesyndrom.html, Abruf am 31.12.2021

Warda, F. (2005): Die elektronische Gesundheitsakte in Deutschland, https://www.springermedizin.de/die-elektronische-gesundheitsakte-in-deutschland/8009348, Abruf am 05.01.2022

Weinblat, Jurij (2014): Prediction of highly lucrative companies using annual statements: a data mining bases approach; Hamburg; Diplomica Verlag GmbH, 2014

Wilde, Anja (2019): Grundlagen Des Data Mining – Ein (Prozess-)Überblick, https://morethandigital.info/grundlagen-des-data-mining-ein-prozess-ueberblick/, Abruf am 27.12.2021

Wirth, Rüdiger; Hipp Jochen: CRISP-DM: Towards a Standard Process Model for Data Mining, http://www.cs.unibo.it/~montesi/CBD/Beatriz/10.1.1.198.5133.pdf, Abruf am 31.12.2021

Wischnjak, David (2020): Reingeschaut: Krankenkassen-Apps im Hacker-Labor, in: ct Magazin für Computertechnik, Bd. 2020, Nr. 1, 2020, S. 62–66